in
de la
comunidad

Cómo escribir un artículo de opinión

Leslie Harper

Traducido por Marcela Brovelli

PowerKiDS
press
New York

Published in 2015 by The Rosen Publishing Group, Inc.
29 East 21st Street, New York, NY 10010

First Edition

Editor: Norman D. Graubart
Book Design: Joe Carney
Book Layout: Colleen Bialecki
Photo Research: Katie Stryker

Photo Credits: Cover Silvia Jansen/E+/Getty Images; p. 4 Paul Bradbury/OJO Images/Getty Images; p. 5 Sulhaimi Abdullah/Getty Entertainment Images/Getty Images; p. 6 Catherine Yeulet/iStock/Thinkstock; p. 7 Connel/Shutterstock.com; p. 9 Tyler Olsen/Shutterstock.com; p. 10 Ross Anania/The Image Bank/Getty Images; p. 11 Marlene DeGrood/Shutterstock.com; p. 12 withGod/Shutterstock.com; pp. 13, 30 Goodluz/iStock/Thinkstock; p. 14 Blend Images/Shutterstock.com; p. 15 ChameleonsEye/Shutterstock.com; p. 16 Nuttapong/Shutterstock.com; p. 17 Pool/Getty Images News/Getty Images; p. 18 Pixsooz/Shutterstock.com; p. 20 Eyecandy Images/Thinkstock; p. 21 Ableimages/Iconica/Getty Images; p. 22 Sebastian Crocker/Hemera/Thinkstock; p. 23 AVAVA/iStock/Thinkstock; pp. 24, 25 Fuse/Thinkstock; p. 27 Angus Oborn/Lonely Planet Images/Getty Images; p. 28 antb/Shutterstock.com; p. 29 Ieremy/iStock/Thinkstock.

Library of Congress Cataloging-in-Publication Data

Harper, Leslie.
[How to write an op-ed piece. Spanish]
Cómo escribir un artículo de opinión / by Leslie Harper ; translated by Marcela Brovelli. — First Edition.
    pages cm. — (Sé un líder de la comunidad)
Includes index.
ISBN 978-1-4777-6905-8 (library binding) — ISBN 978-1-4777-6906-5 (pbk.) —
ISBN 978-1-4777-6907-2 (6-pack)
1. Editorials—Authorship—Juvenile literature. I. Harper, Leslie. How to write an op-ed piece. Spanish. II. Title.
PN4784.E28H3718 2015
808.06'607—dc23
                              2014001396

Manufactured in the United States of America

CPSIA Compliance Information: Batch #WS14PK3: For Further Information contact Rosen Publishing, New York, New York at 1-800-237-9932

Contenido

Comparte tu opinión

¿Acostumbras a leer periódicos o revistas de noticias? ¿Te gusta leer noticias de actualidad en los sitios de Internet? Leer periódicos y otras fuentes informativas es una excelente manera de estar al tanto de lo que pasa en el mundo.

Al leer la noticia de un suceso, notarás que se presentan numerosos hechos. Estos hechos especifican dónde ocurrió el suceso, quién se encontraba en el lugar y qué pasó exactamente. Cuando los reporteros de revistas o periódicos escriben sobre una noticia, generalmente, presentan los hechos evitando dar sus **opiniones**. Sin embargo, existe una sección en el periódico dedicada a fomentar la opinión de la gente. Las personas que no trabajan para el periódico, pueden redactar un escrito para

A lo mejor puedes pedirles a tus padres que se suscriban a un periódico, a menos que ya lo reciban.

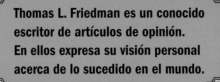

expresar su opinión personal sobre un tema.

Los que conocen un tema a fondo o se apasionan por una cuestión determinada acostumbran a escribir artículos de opinión. Si bien muchos de estos son escritos por adultos, cualquier persona, incluso tú, puede escribir y someter un artículo. Escribir un artículo de opinión brinda a grandes y pequeños la oportunidad de compartir sus opiniones.

Consejos

Un hecho es una información que puede comprobarse. Una opinión es una creencia basada en lo que una persona piensa. Decir que la pizza es una comida, es hablar de un hecho. Decir que la pizza es más sabrosa que el brócoli, es expresar una opinión. A veces es complicado diferenciar entre un hecho y una opinión. ¿Puedes pensar en más ejemplos de este tipo?

Elige un tema

Los artículos de opinión se escriben con un estilo **persuasivo**. El propósito es convencer al lector de que cambie su forma de pensar y coincida con la opinión del escritor. Si escribes un artículo sólido y con carácter, podrías lograr que una persona cambie su opinión acerca de alguna cuestión importante para tu ciudad. ¿Hay algo en tu vecindario o ciudad que te gustaría cambiar?

Esta mujer trata de convencer a sus compañeros de que acepten su idea. La persuasión es una herramienta muy útil para la vida.

Si deseas convencer a los dirigentes de tu ciudad para que se asignen carriles para ciclistas, un artículo de opinión es una excelente manera de lograr apoyo a tu causa.

El primer paso para escribir un artículo de opinión es elegir un tema o cuestión sobre el que desees escribir. Puedes comenzar por concentrarte en lo que tú consideras importante. ¿Te gusta leer o usar la computadora? Si es así, podrías pensar que la biblioteca de tu comunidad necesita más fondos para comprar libros y computadoras nuevos. Si te gusta estar al aire libre, podrías buscar algún terreno cercano que esté vacío donde se pudiera construir un parque. A lo mejor vas a la escuela en bicicleta y piensas que los ciclistas estarían más protegidos si en tu pueblo o ciudad hubiera carriles especiales para ellos.

Al escribir un artículo de opinión es importante centrarse en un tema y una opinión. Por lo general, los artículos de opinión no suelen ser muy extensos. El espacio que tienes es limitado, así que trata de expresar tus ideas en forma clara y sencilla. Explícale el problema al lector y luego bríndale una posible solución.

Digamos que, por ejemplo, tu plan es escribir acerca de carriles para ciclistas. Tal vez piensas que ir a la escuela es un buen ejercicio, pero a la vez opinas que viajar en bicicleta puede ser agotador, de modo que, en la cafetería de tu escuela, podrían servir

> Tu procesador de textos seguramente tiene una función llamada "Conteo de palabras". Con ésta podrás conocer el número exacto de palabras de tu artículo de opinión.

Conteo de palabras

Selección parcial
Palabras: 178
Caracteres: 3765

Documento completo:
Palabras: 369
Caracteres: 8053

OK	ayuda

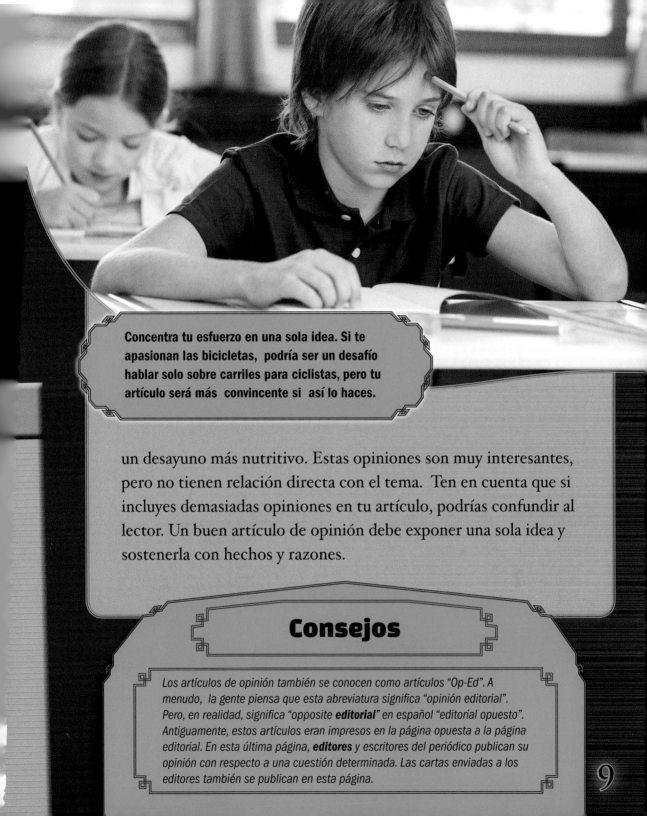

Concentra tu esfuerzo en una sola idea. Si te apasionan las bicicletas, podría ser un desafío hablar solo sobre carriles para ciclistas, pero tu artículo será más convincente si así lo haces.

un desayuno más nutritivo. Estas opiniones son muy interesantes, pero no tienen relación directa con el tema. Ten en cuenta que si incluyes demasiadas opiniones en tu artículo, podrías confundir al lector. Un buen artículo de opinión debe exponer una sola idea y sostenerla con hechos y razones.

Consejos

Los artículos de opinión también se conocen como artículos "Op-Ed". A menudo, la gente piensa que esta abreviatura significa "opinión editorial". Pero, en realidad, significa "opposite **editorial**" en español "editorial opuesto". Antiguamente, estos artículos eran impresos en la página opuesta a la página editorial. En esta última página, **editores** y escritores del periódico publican su opinión con respecto a una cuestión determinada. Las cartas enviadas a los editores también se publican en esta página.

9

Toma papel y lápiz

Algunos periódicos son gratuitos, mientras que otros se venden. Algunos se escriben para un **público** determinado, o para un grupo de lectores. Otros van dirigidos al público en general. Los periódicos escolares, por ejemplo, son escritos por los alumnos de una escuela y circulan solo en dicha escuela. Estos artículos pueden incluir noticias de la ciudad o eventos de actualidad. Sin embargo, casi toda la información gira en torno a la escuela. Principalmente, quienes leen estas publicaciones son los alumnos aunque también padres y maestros.

En este kiosko se pueden encontrar todo tipo de periódicos. Algunos brindan noticias locales y otros, noticias nacionales e internacionales. También se pueden adquirir otros periódicos o revistas dedicados al mundo de los negocios.

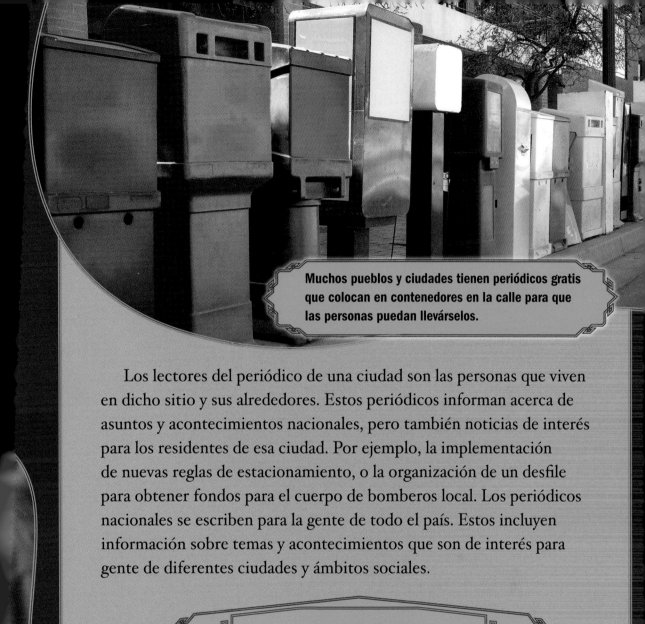

Muchos pueblos y ciudades tienen periódicos gratis que colocan en contenedores en la calle para que las personas puedan llevárselos.

Los lectores del periódico de una ciudad son las personas que viven en dicho sitio y sus alrededores. Estos periódicos informan acerca de asuntos y acontecimientos nacionales, pero también noticias de interés para los residentes de esa ciudad. Por ejemplo, la implementación de nuevas reglas de estacionamiento, o la organización de un desfile para obtener fondos para el cuerpo de bomberos local. Los periódicos nacionales se escriben para la gente de todo el país. Estos incluyen información sobre temas y acontecimientos que son de interés para gente de diferentes ciudades y ámbitos sociales.

Consejos

Los periódicos que se publican todos los días se denominan diarios. Los que salen a la venta cada siete días se llaman semanarios. Es importante que sepas cuándo se publica el periódico de tu ciudad. Si la semana próxima se fuera a llevar a cabo una votación acerca de la implementación de carriles para ciclistas, sería bueno que publicaras tu artículo antes de dicha fecha.

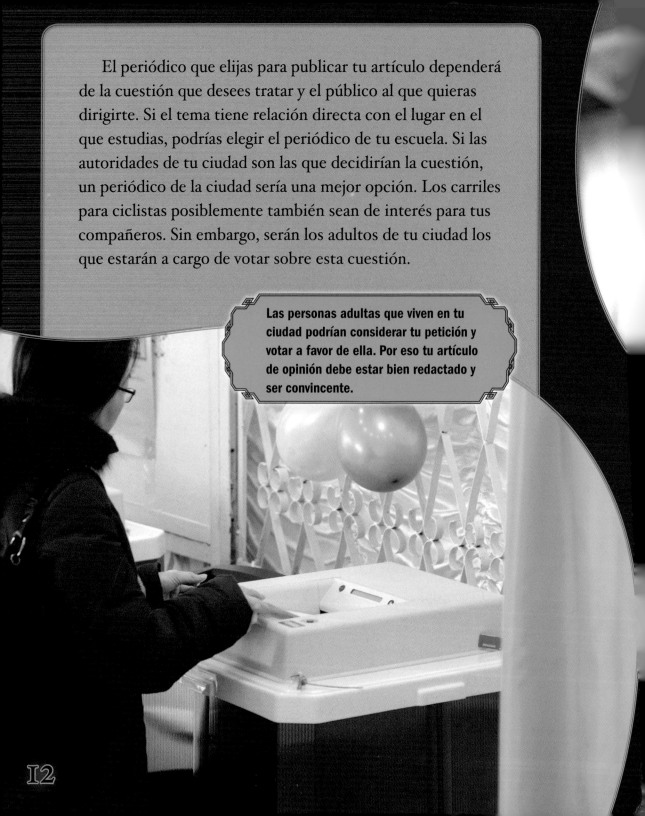

El periódico que elijas para publicar tu artículo dependerá de la cuestión que desees tratar y el público al que quieras dirigirte. Si el tema tiene relación directa con el lugar en el que estudias, podrías elegir el periódico de tu escuela. Si las autoridades de tu ciudad son las que decidirían la cuestión, un periódico de la ciudad sería una mejor opción. Los carriles para ciclistas posiblemente también sean de interés para tus compañeros. Sin embargo, serán los adultos de tu ciudad los que estarán a cargo de votar sobre esta cuestión.

Las personas adultas que viven en tu ciudad podrían considerar tu petición y votar a favor de ella. Por eso tu artículo de opinión debe estar bien redactado y ser convincente.

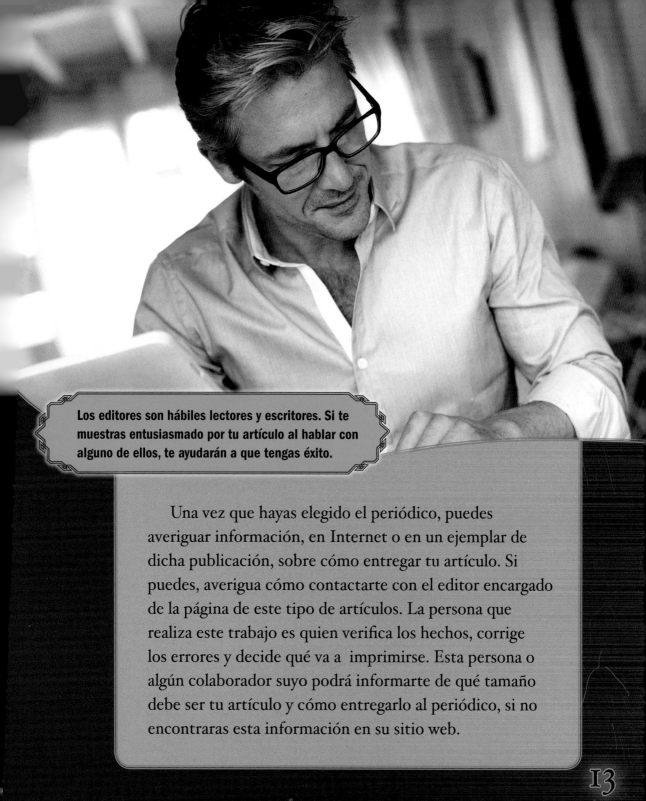

Una vez que hayas elegido el periódico, puedes averiguar información, en Internet o en un ejemplar de dicha publicación, sobre cómo entregar tu artículo. Si puedes, averigua cómo contactarte con el editor encargado de la página de este tipo de artículos. La persona que realiza este trabajo es quien verifica los hechos, corrige los errores y decide qué va a imprimirse. Esta persona o algún colaborador suyo podrá informarte de qué tamaño debe ser tu artículo y cómo entregarlo al periódico, si no encontraras esta información en su sitio web.

Lee varios artículos de opinión

Familiarizarte con otros artículos te servirá para conocer el estilo que se usa y saber cómo presentar opiniones. Comienza por leer ejemplos de artículos de opinión del periódico al que presentarás el tuyo, así tendrás una mejor idea de la extensión y del lenguaje. También puedes averiguar si el periódico ya ha publicado algunos otros artículos anteriormente relacionados con el tema que te preocupa.

Presta atención al número de palabras que generalmente se utiliza. Por lo general, los artículos de opinión no son muy extensos. Tu escrito debe ser claro y conciso para que captes la atención del lector.

Los bibliotecarios saben cómo encontrar buenas fuentes de información y artículos de opinión.

También te ayudará leer otros artículos de este tipo en otros periódicos y rcvistas. Empieza por la biblioteca más cercana. Pídele a la bibliotecaria que te ayude a buscar copias de diferentes periódicos del año anterior. Algunas copias podrían estar en Internet. Si aún quieres más ejemplos de artículos, pídele a uno de tus padres que te acompañe a una librería. Muchas librerías tienen revistas actuales y copias de varios periódicos locales y nacionales que puedes utilizar como referencia.

Listo para investigar

Un artículo de opinión eficaz debe presentar **evidencia**, o hechos que sustenten la opinión del autor. Para reunir estos hechos, tendrás que **investigar** o estudiar cuidadosamente el tema para así tener más argumentos. Para tu artículo sobre carriles para ciclistas, tal vez sería importante averiguar cuántos adultos y cuántos niños de tu ciudad utilizan la bicicleta diariamente. También puedes informarte acerca de accidentes de tránsito relacionados con bicicletas. Para demostrarle al lector cómo los carriles para ciclistas podrían ser una solución al problema, busca **datos** sobre otras ciudades que ya lo hayan implementado. ¿Se ha logrado así reducir el riesgo para circular en bicicleta?

Inscríbete en concursos de escritura online o en tu escuela. Es muy importante que aprendas a escribir bien.

ARTÍCULO

Tu escuela es un lugar excelente para iniciar la búsqueda. Habla con tus maestros, con el bibliotecario o con el experto en medios de comunicación. Ellos podrán sugerirte libros útiles, enciclopedias, periódicos y sitios web apropiados. Si decides usar Internet, asegúrate de que los sitios sean **creíbles** o confiables. Las páginas web de museos, zoológicos y entidades gubernamentales son buenos sitios para comenzar.

Consejos

Asegúrate de que las fuentes de información que uses estén al día. Si no eres cuidadoso, podrías incluir información desactualizada en tu artículo. Esto podría hacer que la gente no confíe en tu artículo. Para estar completamente seguro de lo que escribes, recurre a dos fuentes diferentes para verificar un mismo hecho o tema al que te vayas a referir.

¡Zambúllete en la escritura!

Una vez que tengas la información necesaria, ha llegado la hora de comenzar a escribir. El primer intento de poner tus ideas por escrito se conoce como el **primer borrador**. Cuando lo termines, podrás revisarlo y hacer cambios. ¡No tengas miedo de dar el primer paso!

Tu artículo de opinión será más eficaz y sólido si logras mantener una forma o **estructura** definida, así tus ideas se verán más claras y ordenadas.

El primer borrador no es el resultado final. A veces, hasta los escritores profesionales hacen varios borradores.

DIAGRAMA DE UN ARTÍCULO DE OPINIÓN

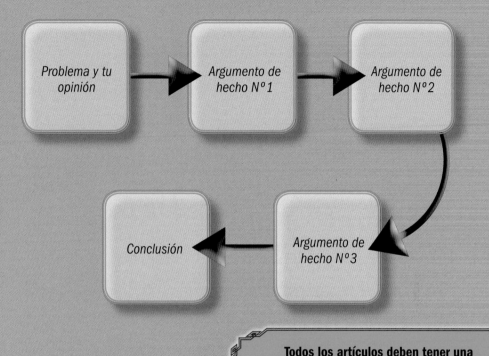

Problema y tu opinión → Argumento de hecho Nº1 → Argumento de hecho Nº2

Conclusión ← Argumento de hecho Nº3

Todos los artículos deben tener una estructura ordenada como esta.

Comienza con una introducción donde plantearás el problema y tu opinión sobre la mejor forma de resolverlo. En el párrafo siguiente incluye los hechos que demuestren por qué piensas que tu opinión es correcta. Por ejemplo, en este punto podrías decir que un estudio realizado por la universidad de Canadá demostró que es diez veces más probable que un ciclista tenga un accidente en una calle de mucho tráfico que en un carril dedicado exclusivamente para ciclistas. Termina el artículo con una conclusión, en la que resumirás y reafirmarás tu opinión.

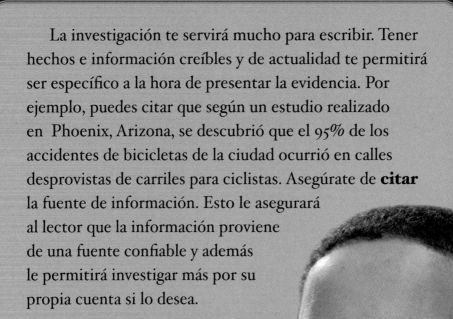

La investigación te servirá mucho para escribir. Tener hechos e información creíbles y de actualidad te permitirá ser específico a la hora de presentar la evidencia. Por ejemplo, puedes citar que según un estudio realizado en Phoenix, Arizona, se descubrió que el 95% de los accidentes de bicicletas de la ciudad ocurrió en calles desprovistas de carriles para ciclistas. Asegúrate de **citar** la fuente de información. Esto le asegurará al lector que la información proviene de una fuente confiable y además le permitirá investigar más por su propia cuenta si lo desea.

Investigar lleva tiempo. Es muy importante recurrir a fuentes de información adecuadas. No apresures tu trabajo, podrías caer en el error de incluir información incorrecta.

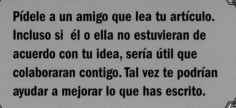

Pídele a un amigo que lea tu artículo. Incluso si él o ella no estuvieran de acuerdo con tu idea, sería útil que colaboraran contigo. Tal vez te podrían ayudar a mejorar lo que has escrito.

Una vez que hayas finalizado el primer borrador, revísalo varias veces. Si crees que necesitas más evidencia, vuelve a las fuentes e investiga un poco más. Tal vez te sea útil comparar tu escrito con otros artículos de opinión. ¿Es la estructura de tu artículo similar a la de los otros artículos? ¿El tono y el lenguaje empleados son parecidos?

Consejos

Para un periódico local, de la ciudad o nacional, debes utilizar un lenguaje formal. Esto le dará fuerza a tus palabras. Aunque escribas para el periódico escolar, el lenguaje formal siempre es mejor que el informal. Si te tomas tiempo para pulir tu artículo, ¡los lectores podrían llegar a pensar que no fue escrito por un niño!

Lee y corrige

Ahora que tienes listo tu primer borrador, ya puedes mejorarlo. Para ello aplicarás primero la revisión y luego la **corrección**. Estos pasos te permitirán buscar errores de ortografía y gramaticales y corregirlos. La mayoría de los procesadores de texto corrigen errores ortográficos. Sin embargo, además de esto, es importante que releas tu escrito por si se te hubiera pasado por alto algún otro error. También, a la hora de revisar, debes leer con cuidado para evitar cualquier error gramatical. La gramática es el sistema de reglas que combina palabras para formar oraciones.

English Usage

THESAURUS

En un diccionario de sinónimos y antónimos se pueden encontrar palabras de igual significado. Estos libros de referencia pueden servirte para evitar la repetición de palabras.

Comúnmente, en un escrito se mantiene el mismo tiempo verbal. Sin embargo, en tu artículo puedes usar varios. Por ejemplo, podrías decir que el año pasado, en tu ciudad ocurrieron más de cien accidentes entre automóviles y bicicletas. Hoy, muchos niños tienen miedo de circular en bicicleta por calles muy transitadas. Si se instalaran carriles para ciclistas, los niños estarían más protegidos. En estas oraciones se ha usado el tiempo presente, el pasado y el condicional. Al leer tu escrito, asegúrate de haber usado los tiempos verbales correctos.

Asegúrate de que tus ideas fluyan de manera ordenada. Así, el lector podrá tener mayor claridad.

Uno de los puntos que deberás tener en cuenta al corregir y hacer cambios, es el número de palabras y la extensión requerida para tu artículo. Una vez que hayas corregido errores y el texto tenga ya el número correcto de palabras, trata de leerlo en voz alta. Esto te permitirá oír cómo fluye el texto de una idea a la otra. También se lo puedes leer a familiares y amigos y así ellos podrán darte sus opiniones, sugerencias, correcciones y **evaluaciones**. Puedes pedirle a uno de tus padres, a tu maestro o al bibliotecario de tu escuela que lean tu escrito en voz alta y que te den su opinión. Ellos son parte de tu audiencia. Si ellos no comprenden algo, es muy probable que otros tampoco lo entiendan.

Léele tu artículo a tu mamá o a tu papá como si estuvieras dando un discurso. Esto te ayudará a darte cuenta si está bien redactado o te falta algún dato importante.

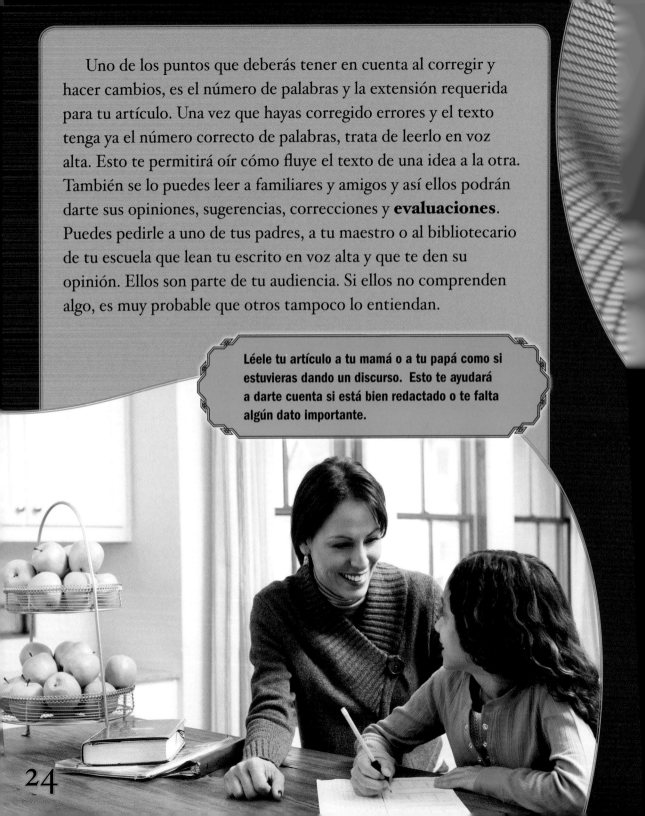

No te deshagas de ningún borrador. Tal vez quieras volver a incluir alguna frase o palabra de tu escrito anterior.

Corregir un texto consiste en releerlo y hacer cambios. Cuando otras personas lean tu escrito y hagan observaciones, no temas cambiar oraciones o reescribir párrafos enteros. ¡El artículo de opinión estará listo solo cuando tú estés satisfecho con tu trabajo!

Publicación de tu artículo

Una vez finalizado el texto, el próximo paso será enviarlo al periódico que hayas elegido. La mayoría de los periódicos te indicarán si debes enviarlo por fax o por correo electrónico. Algunos tienen formularios para someter el artículo online. Si envías el documento por correo electrónico, asegúrate de usar el formato adecuado y de que tenga el título correcto. Algunos no aceptan correos con documentación adjunta, así que trata de seguir las indicaciones con cuidado. Si tienes dudas acerca de las instrucciones, comunícate con el periódico para hacer todas las preguntas necesarias. Cuando envíes el artículo, ten en cuenta que éste podría no ser publicado. Las oficinas de los periódicos, inclusive los más pequeños, suelen recibir muchos artículos de opinión de diferentes temas. Puede haber muchas razones por las que decidan no publicar tu artículo. ¡Pero, no te desanimes! Aún tienes la opción de enviarlo a otro periódico o publicarlo tú mismo en un blog. ¡Y también puedes distribuirlo como folleto en tu vecindario!

Éste es el edificio del New York Times. Usualmente, los periódicos de este tamaño prefieren recibir el material por correo electrónico.

Consejos

Si tienes que enviar tu artículo por correo electrónico, pide ayuda a tus padres. Si aún no tienes tu propia cuenta, ellos pueden enviarlo desde una de sus cuentas.

Nuevos medios de comunicación

Publicar un artículo de opinión en un periódico es una forma de llegar a muchos lectores a la vez. Sin embargo, ésta no es la única forma de compartir tu opinión. Hoy en día, más y más personas buscan noticias e información general por Internet. Algunos sitios web están relacionados con periódicos, revistas y noticieros de televisión. Muchos otros están dirigidos por gente o grupos

Muchos periódicos se pueden leer en iPads y tabletas.

26 JUNE

BIKE LANES

🏷 TAGS: INTERNET, BLOG

Many cities all over the United States are adding bike lanes to their roads. This is a big step toward making our cities safer. Bike lanes allow bike riders and cars to use their own lanes while riding and driving...

128	32

🔗 http://www.leremy.com/webdesign/100234533563242   PERMALINK

💬 COMMENTS (58)

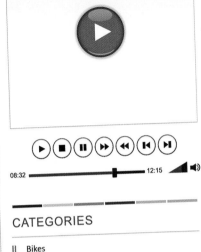

08:32 —————————— 12:15

CATEGORIES

‖ Bikes

‖ Local Issues

KEEPING STREETS SAFE

🏷 TAGS: INTERNET, BLOG

> Éste es un ejemplo de un blog. Hoy en día hay muchos sitios web que pueden alojar tu blog gratuitamente.

de personas que apoyan una causa determinada. ¡Si publicas tu artículo por Internet, gente de todo el mundo podría verlo!

Busca un sitio web relacionado con tu ciudad o con el tema que a ti te ocupa. Por ejemplo, podrías enviar tu artículo sobre carriles para ciclistas a un sitio web de una comunidad o a un sitio web de ciclismo. ¡O hasta podrías crear tu propio blog o sitio web! Si publicas algo por Internet, ten mucho cuidado de no compartir ninguna información personal.

¡Continúa escribiendo!

Escribir con eficacia y claridad es una destreza muy valiosa. Escribir acerca de temas que son importantes para ti, despierta tu aptitud y creas conciencia en tu comunidad. Si te divertiste escribiendo el artículo, no lo dudes, ¡escribe otro! Tal vez se te ocurran muchas más ideas interesantes acerca de cómo mejorar tu escuela, vecindario, ciudad o país.

Si deseas mejorar tu primer texto, tal vez podrías ampliarlo y mandarlo a una revista. También podrías utilizar su contenido para redactar una carta y enviarla al alcalde de tu ciudad o al senador de tu estado.

Al igual que con cualquier destreza, cuanto más practiques, mejor lo harás en el futuro.

Escribir correctamente es una destreza muy importante para la vida. Si eres capaz de convencer a la gente a través de tus palabras, ¡algún día podrías convertirte en un escritor profesional!

Glosario

citar Mencionar autores o textos para justificar lo que se dice o escribe.

corrección Cambio que se hace en un texto al corregirlo o revisarlo.

creíble Que puede ser aceptado como verdad.

datos Información concreta que permite un conocimiento exacto.

editores Personas encargadas de corregir y preparar la publicación de un texto.

editorial Artículo de periódico o revista en el que editores conocidos expresan su opinión.

estructura Sistema de elementos relacionados.

evaluaciones Valorar el trabajo o material de alguien.

evidencia Certeza clara de una cosa, de tal forma que nadie puede negarla.

investigar Hacer indagaciones para descubrir algo que se desconoce.

opiniones Idea, juicio o concepto que se tiene de algo o de alguien.

persuasivo Que tiene fuerza y eficacia para convencer.

primer borrador Primer intento de escribir algo.

público Para todos los ciudadanos o para la gente en general.

Índice

Sitios de Internet

Debido a que los enlaces de Internet cambian a menudo, PowerKids
Press ha creado una lista de los sitios Internet que tratan sobre el
tema de este libro. Este sitio se actualiza con regularidad. Por favor,
usa este enlace para ver la lista:
www.powerkidslinks.com/beacl/oped/